Ruth Pfennighaus · Katja Hogh

Rituale für den Alltag

Gewohnheiten, die tragen, stützen und schützen

Francke

Über die Autorin:

Ruth Pfennighaus ist Phytotherapeutin (Expertin für Heilpflanzen), Gesundheits- und Ernährungsberaterin sowie Fastenwanderleiterin. Zusammen mit ihrem Mann leitet die Mutter von fünf inzwischen erwachsenen Pflegekindern das Ganzheitliche Gesundheitshaus in Marburg. Mehr unter www.ge-haus.de

Über die Künstlerin:

Katja Hogh hat sich 2001 als freischaffende Künstlerin mit der Werkstatt »Eden Arts« selbständig gemacht. Sie ist verheiratet und lebt mit ihrem Mann in Nürnberg. Ihre Homepage: www.edenarts.de

Bibliografische Information der Deutschen Nationalbibliothek
Die Deutsche Nationalbibliothek verzeichnet diese Publikation in der Deutschen Nationalbibliografie; detaillierte bibliografische Daten sind im Internet über http://dnb.dnb.de abrufbar.

ISBN 978-3-96362-295-3

35037 Marburg an der Lahn
Aquarelle und Umschlagbild: Eden Arts / Katja Hogh
www.edenarts.de
Umschlaggestaltung: Francke-Buch GmbH
Satz: Francke-Buch GmbH
Printed in Poland

www.francke-buch.de

Inhaltsverzeichnis

EDEN ARTS 09

Vorwort

Meine Erfahrung mit Ritualen – warum sie wertvoll sind

Ich liebe Rituale. Es begeistert mich, alltägliche Routinen in bedeutungsvollere Rituale zu verwandeln. Sie bewirken, dass ich das Gute in jedem Tag meines Lebens sehen kann. Sie helfen mir herunterzufahren (»Slow Down«) und Glück in den kleinsten Dingen zu finden.

Schon lange begleiten mich wiederkehrende Übungen, die sich bewährt und gefestigt haben und mir zur lieb gewonnenen Routine geworden sind. Ich möchte sie nicht mehr missen. Einige meiner wichtigen Begleiter möchte ich Ihnen vorstellen und Sie gleichzeitig auf Spurensuche zu Ihren ganz eigenen Ritualen anregen.

Warum finde ich Rituale im Alltag so wichtig? Mein Leben ist oft sehr voll, eng getaktet und möglichst effizient geplant. Ich arbeite schnell und habe mit über 60 Jahren noch allerhand zu tun. Was könnte, was müsste und sollte ich noch tun? Neben den vielen beruflichen und sozialen Verpflichtungen gibt es da zum Beispiel die Selbstfürsorge. Dazu gehören für mich gründliche Zahnreinigung, Beckenbodentraining, achtsames Essen mit langsamem Kauen und der Versuch, meinen Mineralstoff- und Enzymhaushalt möglichst ausgeglichen zu halten. Und natürlich soll das Heilsame für meine Seele auch nicht zu kurz kommen! Da kann ich schon mal den Überblick verlieren und den Eindruck gewinnen, das alles nicht zu schaffen. So werden mir mit zunehmendem Alter die kleinen und großen Tages- und Lebensrituale immer wichtiger. Ich nenne sie gerne meine »Mini-Auszeiten«.

Rituale begleiten uns lebenslang bei Geburt, Einschulung, Schulabschluss, Umzug, Lehre, Studium, Hochzeit, Trennung, Krisen, Neuanfängen, Abschlüssen, Übergängen aller Art – und schließlich beim Sterben. Alles hat seine Zeit. Und alles braucht seine Zeit. Einer meiner Lieblingstexte, der diese Erkenntnis in Worte fasst, stammt aus der Bibel:

> *»Ein jegliches hat seine Zeit, und alles Vorhaben unter dem Himmel hat seine Stunde: Geboren werden hat seine Zeit, sterben hat seine Zeit; pflanzen hat seine Zeit, ausreißen, was gepflanzt ist, hat seine Zeit; abbrechen hat seine Zeit, bauen hat seine Zeit; weinen hat seine Zeit, lachen hat seine Zeit; klagen hat seine Zeit, tanzen hat seine Zeit; herzen hat seine Zeit, aufhören zu herzen hat seine Zeit; suchen hat seine Zeit, verlieren hat seine Zeit; behalten hat seine Zeit, wegwerfen hat seine Zeit; schweigen hat seine Zeit, reden hat seine Zeit; lieben hat seine Zeit, hassen hat seine Zeit; Streit hat seine Zeit, Friede hat seine Zeit.«*
> *(Prediger Salomo, aus Kapitel 3)*

Rituale bringen hilfreiche Strukturen in meinen Alltag. Ich schöpfe aus ihnen Kraft, sie geben mir Sicherheit, Frieden und Stärke. Rituale sind tröstlich, vertraut, beständig und beruhigen mich. Sie machen mich achtsamer im Hinblick auf mein Lebenstempo. Ich habe für eine kurze Zeit Raum nur für mich. Meine Rituale, die z. B. aus Symbolen, Gebeten und Liedern bestehen können, unterstützen mich dabei, das Wichtige am Tag nicht aus dem Auge zu verlieren. Oft gehe ich nach diesen »Mini-Auszeiten« beschenkt und gestärkt, fröhlich und gelassener als zuvor durch den Rest des Tages. Rituale verankern in meinem Leben Wichtiges, was sonst zu kurz kommen würde. Ich übe eine dankbare Lebenshaltung ein, würdige Gutes, mache mir Positives bewusst und verstärke es dadurch. Es fühlt sich für mich so an, als würde ich mich mit einem »Schutzmantel« aus Kraftvollem, Wertvollem und Gutem umgeben. In Ritualen drücke ich aus, was ich gerade nicht fühlen kann, aber verstärken möchte. Besonders am Morgen nach dem Aufwachen stehen bei mir oft schon Gedanken Spalier, die mich mit Arbeit, Planen und Sorgen eindecken wollen. Da sind diese Rituale eine heilsame Unterbrechung und Hilfe, meiner Seele eine gute Richtung zu weisen.

Ich finde es wichtig und wertvoll, dass wir Formen finden, die unsere tägliche Arbeit unterbrechen und uns Tiefe, Struktur und Takt geben. Mitten im Alltag können Rituale zu abgesonderten, heiligen Zeiten, zu Kraftorten für Seele und Körper und so zur echten Lebenshilfe werden. Es lohnt sich, wenn wir in unserem Leben auf Spurensuche gehen und uns daran erinnern, was uns guttut. Wenn wir dieses dann einüben und stetig wiederholen, wird es zur starken Gewohnheit. Dabei brauchen wir nicht zu denken, dass wir dafür zu beschäftigt seien: Ritual-Pausen nehmen uns keine Zeit, im Gegenteil, sie geben unserer Lebenszeit Qualität!

Tatsächlich gehören Rituale ohnehin zum Rhythmus des Lebens. Wenn wir sie bewusst in unseren Tagesablauf integrieren, geben sie unserem Leben eine sichere Ordnung und erinnern uns daran, dass unser Lebensglas gut gefüllt ist und wir viel Grund zur Dankbarkeit haben. Würdigen Sie das Gute in Ihrem Leben, umhüllen Sie sich mit Kraftvollem und schaffen Sie sich mit Ihren eigenen, individuellen Ritualen einen Anker- und Ruheplatz. Ich wünsche Ihnen Zeit, Geduld und viel Entdeckermut für Ihre persönlichen Rituale.

Vielleicht kann Ihnen dieses Buch dazu einige Anregungen geben.

Ihre Ruth Pfennighaus

Einführung

Gewohnheiten in stärkende Rituale verwandeln

Verwechseln wir Rituale nicht mit bloßer Routine, die sich häufig aus den Erwartungen und Anforderungen anderer an uns entwickelt und der wir nachgehen, ohne viel darüber nachzudenken. Dazu gehört beispielsweise auch, aus Gewohnheit gleich nach dem Aufwachen die gedankliche Sorgenlawine in Gang zu bringen. Diese ungute Routine können wir mit der Zeit durch wertvolle Rituale ablösen. Für diese Rituale können wir uns bewusst entscheiden und mit ihnen unser Leben so gestalten, wie es uns und anderen guttut und wie es Gott ehrt. So werden bloße Gewohnheiten zu Ritualen veredelt. Entscheidend ist die Aufmerksamkeit, die wir einem bestimmten Vorgang widmen und die uns besondere Genussmomente schenken kann.

Wenn Sie zum Beispiel morgens nach dem Aufstehen Ihre Haut mit Wasser waschen und ein erstes Glas von diesem Lebenselixier trinken, spüren Sie doch für einen Moment der Frische nach, die Ihren Körper belebt und erfüllt. Schon haben Sie ein Mini-Ritual, das Ihre Seele erreicht und Sie so als ganzer Mensch stärkt. Und beim morgendlichen Blick aus dem Fenster prüfen Sie nicht nur das Wetter daraufhin, ob es in Ihre Tagesplanung passt, sondern schauen Sie wirklich hin und hinauf und lassen das vom Himmel bereitete Schauspiel auf sich wirken. Auch die Gewohnheit, frische Luft hereinzulassen oder die Bettdecke aus dem Fenster zu hängen sind wertvolle Rituale, denen wir bewusst nachgehen dürfen.

Vielleicht gehören Sie zu den Menschen, die in der dunklen Jahreszeit zum Frühstück und Abendessen gerne eine Kerze anzünden. Wenn Sie das Anzünden etwas zelebrieren und einige Momente in die flackernde und knisternde Flamme schauen, haben Sie sich schon ein stärkendes Ritual geschaffen.

Gewohnheiten, die sich in Rituale verwandelt haben, geben uns die Sicherheit, auf Gutes zuzugehen, auch wenn uns erst einmal gar nicht danach ist. Wenn es im Neuen Testament heißt, dass Jesus »nach seiner Gewohnheit am Sabbat in die Synagoge« (Lukas 4,16) ging, handelt es sich um ein Ritual. Jesus hatte sich bewusst dafür entschieden, regelmäßig den Gottesdienst zu besuchen. Es tut uns gut, wenn Rituale wie dieses unser Leben rahmen. So ersparen wir es uns, jedes Mal aufwendig abzuwägen, ob wir etwas tun oder lieber lassen sollen. Dann bestätigen Ausnahmen lediglich die Regel.

Zum Nachmachen empfohlen – aber wie?

Rituale brauchen Zeit, um zu wachsen und sich im Alltag zu verankern. Gute Gewohnheiten sind wie Spuren im Schnee. Bildlich gesprochen muss ich mir erst einen Pfad treten, immer wieder, bis der Weg gebahnt ist. Unsere Gewohnheiten hinterlassen tatsächlich Spuren im Gehirn. Ich für meinen Teil scheine schon seit Kindheitstagen eine sehr ausgetretene »Schokoladenspur« in meinem Hirn zu haben und eine – wie gut! – sehr aktive »Bewegungsspur«. Gewohnheiten können wir ändern. Allerdings braucht es dazu mindestens 6 Wochen konsequenter Übung, bis ein neues Verhalten zur guten Gewohnheit wird, bis es sich »ritualisiert« hat.

Allein die Behauptung »Ich esse nie wieder Schokolade« hilft nicht. Da muss ich schon an die Stelle der alten Bahn eine neue Spur setzen. In meinem Fall hieß das, dass ich es mir beigebracht und angewöhnt habe, gesunde Alternativen zu konventionellen Süßigkeiten zu entwickeln und zu genießen (und manchmal esse ich dann doch noch mal ein Stück Schokolade).

Gute Gewohnheiten dürfen wachsen und müssen wie kleine Pflänzchen immer wieder gleichbleibend gepflegt werden. Dabei sollten wir uns zunächst nur eine Gewohnheit vornehmen, die wir mit einem neuen Ritual etablieren wollen. Denn wenn wir versuchen, mehreres gleichzeitig zu verändern, verunsichert uns das so, dass das Neue kaum eine Chance hat. Seien Sie also mit sich zufrieden, wenn Sie zunächst eine gute Gewohnheit fest in Ihrem Leben verankern, und überfordern Sie sich nicht, indem Sie zu viel auf einmal verändern wollen.

PSALM 103
EDEN ARTS 09

Tagesrituale

Am Morgen: Ein guter Start

Ich bin ein Morgenmensch und starte meist fröhlich und mit beiden Beinen sprungbereit in den Tag. Das empfinde ich als großen Segen. Früher allerdings kreisten meine Gedanken schon beim Aufwachen um To-do-Listen und reichlich Arbeitspläne. Und noch vor dem Aufstehen fielen mir schon allerhand Aufgaben für meinen Mann ein. Das war ein anstrengender und oft unerfreulicher Start in den Tag – für uns beide. Mit den Jahren habe ich dann gelernt, wie wichtig es ist, den Tag in einer dankbaren Haltung zu beginnen. Eines meiner Lieblingszitate in dieser Hinsicht lautet:

»Dankbarkeit ist der Wächter am Tor der Seele gegen die Kräfte der Zerstörung.«
(Gabriel Marcel, französischer Philosoph, 1889–1973)

So lege ich schon am Morgen mit kleinen Ritualen eine Dankes- und Segensspur in den beginnenden Tag hinein.

Meine Aufwach-Morgenrituale

Noch wenn ich meine Füße unter der warmen Decke versteckt habe, sage ich schon laut: »**Danke** für diesen guten Tag!« Was ich laut sage, verstärkt das Gesagte und ermutigt mich. Jetzt geht's los – mit Gott in den Tag.

Nach dem Aufstehen und noch vor dem Frühstück, während ich mich für den Tag fertig mache, ziehe ich kräftig 1 Esslöffel Olivenöl oder ein anderes gutes Öl durch meine Zähne, etwa 5 Minuten lang. Dann spucke ich das Öl aus. **Ölziehen** ist eine uralte Methode zur Entgiftung des Körpers und entfaltet eine antibakterielle Wirkung im Mundraum.

Sebastian Kneipp ist ein »alter Freund« von mir – seine Anwendungen kommen jetzt kurz und kräftig zum Einsatz, zum Beispiel das **Trockenbürsten**. Mit meiner Massagebürste bürste ich mich einige Minuten lang, mit leichtem Druck und kreisenden Bewegungen am ganzen Körper, immer zum Herzen hin. So kommen der Kreislauf und die inneren Organe in Schwung.

Kaltes Kurzduschen oder ein kaltes Armbad, mein »kneippscher Morgengruß«, ist sicher nicht jedermanns Sache, aber eine bewährte Methode, um wirklich wach und aktiv zu werden. Auch meine »kneippsche Tasse Kaffee«, eine wirklich große Tasse Wasser, die ich noch vor dem Frühstück trinke, ist für mich zu einem festen Ritual geworden. Ich habe festgestellt, dass die wirklich wichtigen Dinge für Körper und Seele gleich in der Frühe des Tages getan werden sollten, denn sonst gehen sie bei mir unter. Das **Wassertrinken** allerdings gehört den ganzen Tag über zu meinen festen Gewohnheiten und guten Ritualen, weil ich weiß, dass Wasser ein gutes Lebensmittel ist und zu den besten Entgiftungsmitteln gehört. Über den Tag verteilt trinke ich ca. 2,5 Liter, denn Wasser ist einfach ein Lebensspender.

Meine Haare pflege ich täglich nach Großmutterweise durch **ausführliche Bürstenstriche** mit meiner hochwertigen Naturborsten-Haarbürste aus Holz. Meine Haare danken es mir. Ich brauche sie weniger zu waschen und sie sind voller geworden. Außerdem erhält meine Kopfhaut eine anregende Massage.

Diese kleinen Körperrituale dauern nicht lange. Ich nehme sie sehr ernst, weil ich weiß, dass sie mein Immunsystem stärken und mich gut in und durch den Tag bringen.

Ein **kleines Obstfrühstück** reicht mir persönlich, denn ich bin eher ein Fan eines guten, ausführlichen Mittagessens. Für das kleine Frühstück nehme ich einen wunderschönen alten Porzellanteller, worauf schon ein Apfel zum Hochgenuss wird. Das Auge isst eben immer mit!

Gönne dir einen guten Morgenstart!

Kleiner Morgengesang

Mit unseren fünf Kindern haben wir viel gesungen. Jetzt sind sie alle erwachsen und aus dem Haus. Aber mein Mann und ich singen immer noch zusammen, jeden Morgen im Duett – und finden es gar nicht komisch. Das Singen ist schon lange zu einem festen Bestandteil unserer Morgenandacht geworden. Mein Vorbild waren unsere alten, aber jung gebliebenen Nachbarn, die jedes Jahr ihr Gemeindeliederbuch von vorne bis hinten durchsangen. Ich war tief beeindruckt. Ihr Leben war nicht einfach gewesen, doch sie waren frohe, positive und herzliche Menschen geblieben. Könnte es nicht auch an ihrem gemeinsamen Singen gelegen haben? Ich wollte es ausprobieren! Allerdings: Ein dickes Liederbuch komplett durchzusingen, das schaffen wir in einem Jahr nicht. Doch wir spürten sehr genau, dass das Singen eine aufbauende und stärkende Wirkung hat. Wer singt, kann nicht gleichzeitig traurig, sorgenvoll und missmutig bleiben. Also probierten wir es aus, zunächst mit vertonten Gebeten oder Psalmworten. Nach unserem kleinen Morgengesang begleiten uns bis heute ein kurzes Bibelwort und ein Gebet in den neuen Tag.

Einige unserer Liedschätze möchte ich hier mit Ihnen teilen. Mein Lieblingsgebet früh am Morgen ist diese Volksweise:

Wie fröhlich bin ich aufgewacht, wie hab ich geschlafen so sanft die Nacht!
Hab Dank, du Vater im Himmel mein, dass du hast wollen bei mir sein.
Behüte mich auch diesen Tag, dass mir kein Leid geschehen mag.

In vielen christlichen Liederbüchern steht das wundervolle Lied »Gott des Himmels und der Erden«, das Heinrich Albert im Jahr 1642 als Morgengebet, inspiriert durch Luthers Morgensegen, verfasst hat. Eine Strophe singen wir oft am Beginn des Tages:

EDEN ARTS22

Führe mich, o Herr, und leite
meinen Gang nach deinem Wort;
sei und bleibe du auch heute
mein Beschützer und mein Hort.
Nirgends als von dir allein
kann ich recht bewahret sein.

Ein anderes Lied, das wir gerne morgens singen, ist der bekannte Gesang aus Taizé, der Verse aus der Bibel aufgreift:

Meine Hoffnung und meine Freude,
meine Stärke, mein Licht:
Christus meine Zuversicht,
auf dich vertrau ich und fürcht mich nicht,
auf dich vertrau ich und fürcht mich nicht.
(JACQUES BERTHIER, 1988)

Mit Versen aus Psalm 115 in Liedform lässt sich ebenfalls gut eine Segensspur in den Tag hinein anlegen:

Der Herr denkt an uns, der Herr denkt an uns,
der Herr denkt an uns und segnet uns,
der Herr denkt an uns und segnet uns.
(MELODIE: HARTMUT STIEGLER, 1982)

Als Kanon ist das Lied von Otto Riethmüller (1936) gut zu singen:

Von deinen Quellen leben wir, Herr Jesu Christ.

Oder der folgende Kanon von Paul Ernst Ruppel (1955), der den traditionellen Osterruf aufnimmt – es gefällt mir, am Beginn des Tages von Auferstehung und Hoffnung zu singen:

Der Herr ist auferstanden! Er ist wahrhaftig auferstanden! Halleluja, halleluja!

Auch die schön vertonten Worte aus Psalm 51, die sich im Gesangbuch finden, singen mein Mann und ich immer wieder gerne:

Schaffe in mir, Gott, ein reines Herz,
und gib mir einen neuen, gewissen Geist.
Verwirf mich nicht, verwirf mich nicht
von deinem Angesicht, von deinem Angesicht,
und nimm deinen Heiligen Geist nicht von mir.

Wir haben die Erfahrung gemacht: Singen macht glücklich und froh. Es verscheucht schwere Gedanken. Singen gibt Mut, Kraft, Zuversicht und Hoffnung. Deshalb singen wir nicht nur am Beginn des Tages, sondern immer wieder zwischendurch, z. B. wenn wir draußen im Wald unsere Runden drehen. Da verbinden wir Bewegung und tiefes Atmen miteinander und schmettern so manches Wanderlied – eine echte »Lungenheilkur«! Die Mundorgel, ein über 70 Jahre altes Wander- und Fahrtenliederbuch, bietet dafür so manchen Schatz.

Singe, wann immer du kannst!

Mein morgendliches Kurztagebuch

Eine Freundin empfahl mir einmal einen Zehnjahreskalender mit Raum für Tagebucheinträge. Jeder Tag bietet zehn Spalten für zehn Jahre, je ungefähr 20 cm lang und 2 cm breit, um sich kurze Notizen zu machen. Das überfordert mich nicht, aber ermutigt mich, jeden Morgen einen Kurzrückblick auf den vergangenen Tag festzuhalten. Auf einen Blick kann ich also die vergangenen bis zu zehn Jahre nachvollziehen und sehen, was sich an jenem Tag ereignet hat. Heute z. B. ist der 2. Februar. Da lese ich: Vor 10 Jahren hatte ich eine tolle Weiterbildung bei Team F. Vor 8 Jahren begann für einen engen Familienangehörigen eine schwere

Therapie. *Gott hilf!*, schrieb ich damals. Und er tat es. Vor 7 Jahren war ein schöner sonniger Tag und ich begann schon mit ersten Arbeiten draußen. Vor 4 Jahren war ich mit einer tollen Frauengruppe beim Tanzfest in Vöhl. Vor einem Jahr ging mir kurz vor einer Ernährungsschulung mein Thermomix kaputt – welch ein Desaster –, doch wir hatten eine gute Runde im Wald, auch wenn es regnete. Heute schreibe ich in die dafür vorgesehene Spalte, dass ich mit meinem Buch über Rituale bestens vorankomme, was für ein Segen nach einem anfänglich holprigen Start.

Ich bin sehr dankbar, dieses Erinnerungsbuch begonnen zu haben. Bald schon muss ich ein neues kaufen. Es zeigt mir, welche »Gnadenlebenszeit« mit so viel Gutem ich in den vergangenen Jahren erleben durfte. In schweren Zeiten hat mich Gott durchgetragen, auch das kann ich durch die Tagebucheinträge neu würdigen. Zwischen den Jahren nehme ich mir dann Zeit, einen längeren Rückblick zu schreiben. Wenn ich mich an bestimmte Ereignisse erinnere und sie in meinem Herzen bewege, erfüllt mich das mit noch größerer Dankbarkeit.

Wer schreibt, der bleibt!

Mittags: Stärkung in der Mitte des Tages

Unser Mittagsgebet

Seit vielen Jahren findet in unserer uralten Elisabethkirche in Marburg das Mittagsgebet, ein Friedensgebet, statt. Ab und zu nehme ich mir Zeit, um den Alltag zu unterbrechen. Die mächtige, älteste gotische Hallenkirche Deutschlands erinnert mich an Gottes Größe und Allmacht. Ich werde mit hineingenommen in Stille und Frieden mit Worten des Lebens. Ich spreche die alten Bitten, Psalmen und Gebete. Ich lasse mich unterbrechen und radle gestärkt nach Hause.

Vor dem Essen bei uns zu Hause werden wir kurz still, atmen auf und beten mit den Worten aus dem Mittagsgebet einer christlichen Kommunität:

Herr, unser Schöpfer,
auf der Höhe des Tages kommen wir zu dir.
Wir gehören nicht der Arbeit, nicht den Menschen
und nicht uns selbst.
Wir gehören dir. Unsere Zeit steht in deinen Händen.

Oder wir beten mit den Worten aus dem »Mittagslied« von Jochen Klepper (1938):

Der Tag ist seiner Höhe nah.
Nun blick zum Höchsten auf,
der schützend auf dich niedersah
in jedes Tages Lauf.

Wie laut dich auch der Tag umgibt,
jetzt halte lauschend still,
weil er, der dich beschenkt und liebt,
die Gabe segnen will.

Der Mittag kommt. So tritt zum Mahl;
denk an den Tisch des Herrn.
Er weiß die Beter überall
und kommt zu Gaste gern.

Wir verbinden uns so mit dem Geber aller Gaben, mit seiner Schöpfung und der Dankbarkeit für die reiche Versorgung. Es ist nicht selbstverständlich, dass wir genug und gut zu essen haben. Ich will mich daran erinnern, dass alles Geschenk ist.

EDEN ARTS 22

Ein gutes Mittagsmahl

»Das Essen ist fertig!« – dieser Satz ist wohl einer der schönsten und verheißungsvollsten Sätze der Welt! Ich *liebe* gutes Essen. Und ich bemühe mich, gesundes Essen auf den Tisch zu bringen. Nun, da die Kinder aus dem Haus sind, können wir essen, was wir wollen – herrlich, es gibt ein Leben nach den Spaghetti!

Nach einem gut gefüllten Vormittag bin ich vor dem Mittagessen oft erledigt. Deshalb habe ich meine wöchentliche Gemüsekiste stets gut gefüllt und plane am Abend, was es am nächsten Tag Leckeres geben wird. Morgens bereite ich das Essen schon kurz vor. So habe ich am Mittag weniger zu tun und kann das Mittagessen entspannter angehen. Das Essen selbst sollte keine bloße »Verzehrsituation« sein mit einer kurzen Stippvisite am Tisch und der Besprechung anstehender Aufgaben. Im Wort »Mahlzeit« stecken nämlich »Mahl« und »Zeit« – ich sehe das als einen Hinweis darauf, dass wir mit Zeit das Essen sorgsam (mit unseren Zähnen) »mahlen« sollen ... Es ist gut, achtsam zu essen und mit Genuss, sich Zeit zu nehmen, zu kosten, zu schmecken und zu riechen. Unser Essen darf auch schön angerichtet sein – wie eine echte Augenweide eben. Da läuft einem schon mal das Wasser im Mund zusammen, was ja wiederum zuträglich für unsere Verdauung ist. Eine gute Esskultur zu entwickeln, die zu unserer Lebenssituation und vielleicht auch zu unserer familiären Situation passt, ist heute eine große Herausforderung – kann aber, wenn wir sie gut meistern, zugleich zu einem großen Segen werden.

»Das Essen ist fertig!« – Danke! Ich werde satt.

Genieße dein Essen mit allen Sinnen!

EDEN ARTS 2022

Lieblingsessen

Vor dem warmen Essen genieße ich gerne eine große **bunte Salatschüssel**. Das geht auch in der kälteren Jahreszeit, dann mit **Wintergemüsen** wie Rote Bete, Möhren, Kohlsorten, Rettich mit leckerem Knoblauchöl und dazu Nüsse, Sprossen, schwarzer Sesam, Kräutersalz und Zitronensaft.

Im Sommer koche ich gerne **Hirse mit verschiedenen Sommergemüsen**, z. B. Hirse mit Paprika und Broccoli: Dafür koche ich 1 Tasse Hirse mit 2 Tassen Wasser, gare 1 Broccoli-Kopf, gebe 1 Paprika klein geschnitten dazu, würze mit Kräutersalz und gebe einen Becher Schmand, den Saft einer Zitrone und Petersilie hinzu. Dieses Gericht kann man auch kalt als Salat essen. Hirse ist ein sehr altes Getreide, das wichtige Mineralstoffe und Spurenelemente enthält. Es lässt sich gut mit vielen Gemüsesorten kombinieren, z. B. mit Erbsen, Möhren und Pilzen.

Außerdem liebe ich **Ofenkartoffeln mit Hummus** sowie **Ofengemüse** in großer Vielfalt. Es ist einfach zuzubereiten und sehr nahrhaft.

Da ich, wie bereits erwähnt, Süßes liebe, bin ich immer auf der Suche nach Rezepten für möglichst vollwertige Süßigkeiten. **Gesunde, zuckerfreie Schokolade** bereite ich deshalb selbst zu. Dafür nehme ich 60 g Datteln, 60 g Nüsse (Walnüsse, Haselnüsse, Mandeln ...), 40 g Rohkakaopulver, 60 g Kokosöl, gerne auch 60 g Bio-Kakaonibs, wahlweise Vanille, Zimt oder andere Gewürze. Alles mixe ich sehr fein und fülle die Masse in eine flache Dose oder streiche sie in Förmchen. Schon nach 30 Minuten im Kühlschrank ist die gesunde Süßigkeit ausgehärtet und bereit, davon zu naschen.

Tagsüber: Mit allen Sinnen

Körpergebet: gute Worte sprechen und mit Bewegungen verbinden

In alten Zeiten wurde immer laut gelesen. Diese schöne Tradition begegnet mir heute noch in Klöstern, bei Einkehrtagen oder beim Pilgern. Da wird dann laut vorgelesen und Worte, Lieder und Gebete werden gemeinsam wiederholt. Bei Exerzitien, also Tagen der Besinnung, des Innehaltens und Schweigens, bewegen die Teilnehmer einzelne Worte und Sätze und »kauen« förmlich darauf herum. So können sie sich einprägen und ihre Wirkung entfalten. Wenn ich diese Worte dann auch noch mit Bewegungen verknüpfe, spüre ich sie körperlich in meinem Innern und Äußeren und fühle ihre heilende und segnende Wirkung. Das Gebet mit dem Körper, in verschiedenen Körperhaltungen und mit Gebärden, hat schon eine uralte Tradition.

Auch ich habe es mir zur Angewohnheit gemacht, Gebete des Öfteren mit Bewegungen zu verknüpfen, um sie ganzheitlich nachzuempfinden.

Das folgende einfache Körpergebet berührt mich immer wieder sehr tief:

Hier bin ich, Herr (Arme weit ausgebreitet).
Ich öffne mich vor dir (Arme nach oben).
Ich sammle mich (Hände vor der Brust kreuzen),
meine Gedanken (Stirn berühren),
meine Worte (Mund berühren),
meine Gefühle (Herzgegend berühren),
meine Begierden (Bauch berühren)
und lege sie ab vor dir (Hände mit nach unten geöffneten Handflächen absinken lassen).
Und siehe – es reicht (Hände nach innen führen, um etwas einzusammeln)
für andere und für mich (Arme nach außen ausstrecken und dann auf sich selbst zeigen).
Ich danke dir, Herr (Arme auf der Brust überkreuzen und sich dankend vor Gott beugen).

EDEN ARTS 2022

Ein anderes eindrucksvolles Gebet, das Bischof Patrick von Irland zugeschrieben, lässt sich (in Auszügen) leicht mit einfachen Gebärden verbinden. Vielleicht probieren Sie es einmal aus und erdenken sich Ihre individuellen Bewegungen dazu.

Ich erhebe mich heute durch die Kraft Gottes, die mich lenkt.
Gottes Macht halte mich,
Gottes Auge schaue auf mich,
Gottes Ohr höre für mich,
Gottes Wort spreche für mich,
Gottes Hand schütze mich,
Gottes Weg liege vor mir,
Gottes Schild schirme mich.
Christus mit mir,
Christus vor mir,
Christus hinter mir,
Christus in mir,
Christus unter mir,
Christus über mir,
Christus mir zur Rechten,
Christus mir zur Linken,
Christus, wo ich liege,
Christus, wo ich sitze,
Christus, wo ich mich erhebe.

Mit Gruppen oder auch alleine spreche ich gerne laut folgende Sätze, die gute Wahrheiten in uns verankern:

Ich bin wertvoll. – Ich bin kostbar. – Ich nehme mich an, wie ich bin. – Ich schaffe das. – Ich sehe das Gute im Leben.

Es ist unglaublich, was diese laut gesprochenen Sätze mit uns machen! Sie richten auf und geben Mut, selbst wenn sie nicht laut, sondern nur ganz leise ausgesprochen werden. Sie verändern uns und lassen uns das sehen, was noch nicht zu sehen ist, was aber noch werden kann.

Sprich Gebete und gute Worte laut. Verstärke sie mit Gebärden.

Waldbaden: kleine Paradiesspaziergänge

Schon seit Anfang unserer Ehe sind wir in Bewegung und begeisterte Wanderer und Radfahrer. Das hat uns viele schöne Stunden beschert, neue Gegenden entdecken lassen, unserer Gesundheit gutgetan und unsere Gemeinschaft gestärkt. Seit zwei Jahren machen wir nachmittags frei. Ab einem gewissen Alter hat man einfach genug gearbeitet. Mein Mann beherrscht die Kunst des 30-minütigen Tiefschlafs nach dem Essen, ich leider nicht. Dafür entspanne ich mich im Sessel, schaue die Zeitung durch oder lese ein Buch. Danach heißt es jeden Tag: »Bloß raus!« Am liebsten gehen wir in den nahen Wald und haben dort unsere unterschiedlichen Waldrunden, denen wir sogar nach ihrer Länge und der Beschaffenheit des Weges Namen gegeben haben, z. B. »Unkompliziert« oder »Herzberg«. Schon wenn wir nur für 20 Minuten eine Steigung laufen, bedeutet das eine aktive Stärkung der Lungen, der Muskeln, des Herzens und anderer Organe. Heute weiß man, dass Bewegung wirklich zu der besten Medizin und Prävention gehört. Dabei bietet der Wald im Unterschied zu anderen Naturräumen besondere Vorteile und es gibt mittlerweile unglaubliche Forschungen im Hinblick auf die heilsame Kraft des Waldes und der Bäume. Wer keinen Wald in der Nähe hat, kann auch einfach regelmäßige Spaziergänge durch eine Grünanlage oder einen Park machen, denn schon wenige Bäume haben einen positiven Effekt auf uns. Spaziergänge durch eine begrünte und bepflanzte Umgebung stärken unser Immunsystem und senken die Gefahr von Herz- und Kreislauferkrankungen, Bluthochdruck und Diabetes.

Wenn mein Mann und ich im Wald unterwegs sind, nehmen wir unsere Umgebung – Gerüche, Geräusche, Vogelstimmen – bewusst wahr und atmen immer wieder tief ein. Das entschleunigt nicht nur und tut unserer Seele gut, sondern belebt auch unseren Körper. Heute nennt man diese Art von Waldspaziergängen, die Menschen schon seit Langem unternehmen, »Waldbaden«. Die Luft im Wald ist durch die in ihr enthaltenen Pflanzenstoffe besonders rein und gesund und es tut gut, in ihr zu »baden«. Besonders Nadelbäume, aber auch Laubbäume wie Buchen oder Eichen verströmen ätherische Duftstoffe, Terpene, mit denen die Bäume untereinander und mit Insekten kommunizieren. Diese Duftstoffe haben einen beruhigenden und entzündungshemmenden Einfluss auf den menschlichen Körper und können sogar die körpereigene Abwehr gegen Krebszellen stärken. Nach einem Waldspaziergang verspüren Menschen erwiesenermaßen weniger Stress. Sie sind ruhiger, zuversichtlicher, entspannter und gelassener. Das lässt sich auch an einem deutlich gesunkenen Blutdruck und Adrenalinspiegel nachvollziehen.

Wenn mein Mann und ich den Wald betreten, begrüßen wir ihn zunächst herzlich. Aufgrund seiner Heilkraft sprechen wir ihn sogar mit einem Augenzwinkern als »Doktor Wald« an. Manchmal sagen wir noch: *Schön, dass du da bist, uns willkommen heißt und uns erwartet hast.* Beim Verlassen verabschieden wir uns gebührend.

Einer meiner Lieblingstexte, wenn es um den Wald und seine heilsame Wirkung geht, stammt von einem Menschen, der beruflich mit Wald und Forst zu tun hatte und wusste, wovon er sprach. Er verfasste folgendes humorvolles Gedicht:

Doktor Wald

Wenn ich an Kopfweh leide und Neurosen,
wenn ich mich unverstanden fühle oder alt,
wenn mich die Musen nicht liebkosen,
dann konsultiere ich den Wald.

Er ist mein Augenarzt und mein Psychiater,
mein Orthopäde und mein Internist.
Er hilft mir sicher über jeden Kater,
ob er aus Kummer oder Kognak ist.

Er hält nicht viel von Pülverchen und Pillen,
doch umso mehr von Luft und Sonnenschein.
Und kaum umfängt mich seine Stille,
rauscht er mir zu: »Nun atmen Sie mal feste ein.«

Ist seine Praxis auch oft überlaufen,
seine Rezepte machen rasch gesund.
Und Kreislaufschwache, die heut noch heftig schnaufen,
sind morgen schon fast ohne klinischen Befund.

Er hilft mir immer wieder auf die Beine,
bringt meine Seele stets ins Gleichgewicht,
verhindert Fettansatz und Gallensteine,
nur – »Hausbesuche macht er nicht!«.

(Helmut Dagenbach, Dezember 2002. In: Festschrift 50 Jahre Forstliche Versuchs- und Forschungsanstalt Baden-Württemberg, FVA, Freiburg im Breisgau 2008, S.3.)

EDEN ARTS 202

Der Schriftsteller Erich Kästner (1899-1974), der die meiste Zeit seines Lebens in Großstädten wohnte, schrieb in seinem Gedicht »Die Wälder schweigen« darüber, wie wohltuend und erfüllend ein Waldspaziergang sein kann:

Die Seele wird vom Pflastertreten krumm.
Mit Bäumen kann man wie mit Brüdern reden
und tauscht bei ihnen seine Seele um.
Die Wälder schweigen. Doch sie sind nicht stumm.
Und wer auch kommen mag, sie trösten jeden.

Auch mein Mann und ich erleben immer wieder, wie gut wir im Wald entspannen können, wie das Schwere von uns abfällt und wir uns wieder leicht und froh fühlen. Oft singen wir beim Spaziergang oder sprechen einen Psalm. Für mich sind das kleine »Paradiesspaziergänge«, die mir Vorfreude auf den Himmel vermitteln. Meine Alltagssorgen sind wie weggeblasen.

Im Moment lernen wir bei unseren Spaziergängen einen neuen Psalm. Da ich ihn noch nicht auswendig kann, trage ich in meiner Hosentasche einen kleinen Zettel mit den Worten aus Psalm 8 bei mir. Es sind ganz schön viele Spaziergänge nötig, um ihn zu lernen. Wir gehen meist zügig und am Ende unserer Tour, nach etwa 1 bis 1 ½ Stunden, sind wir zufrieden und vollgetankt mit frischer Luft und guten Gedanken. Und – was der Himmel vielleicht nass gemacht hat, macht er auch wieder trocken. Wir sind bei jedem Wetter unterwegs. Wenn wir auf schöneres Wetter warten würden, könnten wir in unseren Breitengraden zwischen November und Ostern nur sehr wenig rausgehen. Aber wir »erden« und »himmeln« uns täglich und fühlen uns Gott in seiner Schöpfung ein Stück näher. So machen wir wirkliche »Hoffnungsspaziergänge« mit unserem treuen Begleiter Gott an unserer Seite.

Bewegung ist die beste Medizin.

Am Abend: Zur Ruhe finden

Tagesabschluss und »Nachtwächterrunde«

Es ist Feierabend. *Feiern* wir den Abend? Ich glaube, selten oder viel zu wenig. Nach einem langen, mit Pflichten gefüllten Tag, nach Nichtgelungenem, ungutem Stress, aber auch nach vielem, was gelungen und geschafft ist, haben wir es endlich geschafft – aber wir *sind* auch geschafft. Zum Glück haben wir meist noch den Abend frei. Was liegt da näher, als ihn mit überfälligen Telefonaten, Liegengebliebenem, Aufgeschobenem, Computerarbeiten und anderem mehr zu füllen? Seit Edison die Glühbirne erfunden hat, ist unser biologischer Rhythmus ganz schön aus dem Takt geraten – von wegen »Mit den Hühnern schlafen gehen«! In der Zeit, als unsere Kinder noch im Haus waren, hatte ich meinen Zeitplan straff organisiert – Familienleben, Kirche, Ehrenamt, Haus und Hof und dann abends noch oft unterwegs sein. Im Nachhinein habe ich gemerkt, dass ich mein Lebenskonto überzogen und geplündert habe. Mit den Jahren sind nun meine Abende ruhiger, »sabbatlicher« geworden. Als unsere Kinder noch klein waren, gab es, wie wohl in jeder Familie, bestimmte Gute-Nacht-Rituale, die ihnen Liebe und Geborgenheit vermittelten. Aber auch uns Erwachsenen tut ein liebevolles »Gebettetsein« gut. Ich brauche abends Frieden, Ruhe, einen guten Abschluss des Tages und Entspannung. Mein gemütlicher Omasessel wird zum Feierabendsessel, in dem ich meist noch ein interessantes Buch lese. Abendliche Rituale ziehen einen guten Schlussstrich unter das Werk und die Ereignisse des Tages und helfen loszulassen. Oft gehen mein Mann und ich noch unsere »Nachtwächterrunde« durch unseren Ortsteil – vorbei an den flimmernden Fenstern. Wir haben die Straßen für uns. Nur ein einsames Hund-Herrchen-Gespann begegnet uns. Friedlich, schweigend schaue ich Vorgärten an, höre Vogelgezwitscher, rieche den Wald, sehe den Sonnenuntergang und sitze dann noch ein Weilchen im Garten. Ich werde müde. Vieles im Raum meiner Gedanken und Gefühle findet seinen Platz. Der Tag neigt sich seinem Ende zu. Ich beschließe ihn mit einem Dankgebet. Heute war ein guter Tag.

Nachtgebet

Müde bin ich, geh zur Ruh,
schließe beide Augen zu.
Vater, lass die Augen dein
über meinem Bette sein.

Hab ich unrecht heut getan,
sieh es, lieber Gott, nicht an.
Deine Gnad und Jesu Blut
machen allen Schaden gut.

Alle, die mir sind verwandt,
Gott, lass ruhn in deiner Hand;
alle Menschen, groß und klein,
sollen dir befohlen sein.

Müden Herzen sende Ruh,
nasse Augen schließe zu.
Lass den Mond am Himmel stehn
und die stille Welt besehn.

(Luise Hensel, 1816)

Rhythmen der Woche und des Jahres

Sabbatrituale am Abschluss der Woche – Der Ruhetag

Ich bin von einer gläubigen Mutter erzogen worden. Die Gemeinde war immer sehr wichtig in unserem Leben. Neben dem reformatorischen Glaubensgut hielten wir den Sabbat. Obwohl wir nie in Israel waren oder einen Menschen jüdischen Glaubens persönlich kannten, nahm meine Mutter das biblische Sabbatgebot sehr ernst. So lebten wir auf den Samstag hin und gingen mit dem Segen des Sabbats in die neue Woche. »Sabbatliches Leben« hat für mich heute als Erwachsene eine immer größer werdende Bedeutung. Das hängt nicht nur mit der zunehmenden Hektik des Alltages um uns herum zusammen und unser aller Sehnsucht nach Ruhe. Ich möchte Ihnen von meiner »Sabbatsegensspur« erzählen, die sich durch mein Leben zieht und es bis heute bereichert:

Am Freitag, dem Rüsttag, also dem Vorbereitungstag für den Sabbat, wurde in meinem Elternhaus die Wohnung geputzt, eingekauft, vorgekocht. In meiner Erinnerung sehe ich mich noch abends in unserer Miniküche an der Waschschüssel stehen. »Sabbatsachen«, schöne und frisch gewaschene Kleidung, wurden angezogen. Alles war bereit. Als Kind erlebte ich damals den Sabbat in unserer kleinen Hausgemeinde mit älteren Leuten oft als langweilig. Ich durfte vieles nicht tun und langsame Spaziergänge waren nichts für mich. Später, als ich meine eigene Familie hatte, gestaltete ich den Freitagabend mit unseren fünf Kindern als einen besonderen Abend. Es gab etwas Leckeres zu essen, oft auch Süßes, was es sonst nicht so gab. Wir begrüßten den Sabbat mit einer Dankesrunde und einer kurzen kindgerechten Andacht. Legendär war unsere üppige Verkleidungskiste, aus deren Fundus wir uns bedienten und schön verkleidet unzählige Bibelgeschichten nachspielen konnten. Gerne erinnere ich mich noch daran, wie unsere Kinder an einem Samstagnachmittag am nahen Waldrand zusammen mit den Nachbarskindern einen bombastischen »Durchzug durchs Rote Meer« inszenierten.

Am Freitagabend kam die Woche mit ihren Anforderungen wie Schule, Arbeit und manchem, was unvollendet blieb, zu einem guten Abschluss. Auch wenn es immer noch etwas zu tun gab und gibt, muss man doch irgendwann ein Ende finden.

Die Vorbereitungen und äußeren Zeichen, die das Nahen des Ruhetags, des Sabbats, ankündigen, sind für mich heute immer noch sehr wichtig. Am Freitag reinige ich die Wohnung, kaufe ein und koche vor. Nachmittags lege ich meine schöne blaue Tischdecke auf den Tisch, Kerzenleuchter und eine silberne Krone kommen als Dekoration dazu. Ich will mich erinnern, dass jetzt ein besonderer Gast mit einem besonderen Geschenk auf mich wartet. »Shabbat Schalom« – der Sabbatfriede soll einziehen dürfen. Doch das ist nicht selbstverständlich und passiert nicht einfach so, denn viele Gedanken, Pflichten und Sorgen des Alltags lauern noch vor der Tür. Bewusst fahren wir den Computer herunter und stellen das Telefon ab. Ich wechsle meine Alltagskleidung und merke, dass durch diese kleinen äußeren Veränderungen auch etwas in meinem Inneren passiert. So wie ich mich für eine Festlichkeit auch vorbereite und schön mache, bereite ich mich auf den Ruhetag (in unserem Fall der Samstag) vor. Ich trete in eine andere Zeit und einen anderen Raum ein. Ich bin bereit für einen Tag mit Gott. Eine Dankesrunde für das Gute dieser Woche, Singen und Gebet stimmen mich auf diesen Tag ein.

In meiner alten Heimat Mecklenburg nahmen meine Mutter und ich weite Strecken in Kauf, um am Samstag in den Gottesdienst der Adventgemeinde zu kommen. Damals, in der DDR, hatten wir allerdings am Samstag Schulpflicht. Als Angehörige der Glaubensgemeinschaft der Adventisten bin ich zehn Jahre am Sabbat nicht zur Schule gegangen. Das war ein Desaster und wurde zunächst von der Schulleitung nicht akzeptiert. Doch meine kleine Mutter stellte sich mutig vor den Schuldirektor und sagte: »Man muss Gott mehr gehorchen als den Menschen!«

Obwohl ich eine ausgezeichnete Schülerin war, war meine gesamte Schulzeit von Angst geprägt. Manche Lehrer ließen mich in Ruhe, weil sie die guten Leistungen sahen, andere ließen mich ihre Übermacht sehr deutlich spüren. In ganz Mecklenburg bekam ich nach der 10. Klasse keine Lehrstelle als Physiotherapeutin durch Vermerke in meinem Zeugnis, die mich als nicht staatskonform auswiesen. Studieren war für mich sowieso nicht möglich wie für so viele Christen in der DDR.

Im Nachhinein erwies sich eine Ausbildung als Krankenschwester im größten evangelischen Krankenhaus der DDR in der Lutherstadt Wittenberg als Glücksfall. Ich bin dort erwachsen und reifer geworden. Noch heute sehe ich diese Glaubensprüfung als Stärkung an, ich hielt mich fester an Gott und vertraute ihm. Übrigens habe ich durch diese Wirren den Traummann meines Lebens gefunden!

Doch nun zurück zum Sabbat. Unsere Kinder freuten sich immer, ihre Freunde zu sehen, gut zu essen und den Nachmittag in der Natur zu verbringen, meist mit netten Gästen. Am Sabbatnachmittag war immer viel bei uns los. Heute freue ich mich immer noch auf diese feste Zeit in der Woche, die herausgenommen ist aus dem Alltag und die ich als »Vorgeschmack auf den Himmel« empfinde. Vor der Coronapandemie haben wir nach jedem Gottesdienst in unserer Adventgemeinde in Marburg, der aus Bibelgespräch, Predigt und lebendiger Gemeinschaft besteht, ein Bring & Share-Buffet gehabt. Es war der krönende Abschluss des Gottesdienstes. Jeder brachte etwas zu essen mit und mit viel Gespräch, Lachen und Austausch blieben die Gemeindemitglieder bis in den Nachmittag hinein zusammen. Freunde und Gäste wurden so ganz natürlich in die Gemeinde integriert. Man lernt sich gut kennen beim Essen. Ich hoffe sehr, dass wir dieses Sabbatessen bald wieder gemeinsam erleben können. Nachmittags sind mein Mann und ich dann meist in der Natur unterwegs. Vielleicht bin ich auch deshalb Kräuterfrau geworden, weil ich so gerne draußen bin und Sehnsucht nach dem Garten Eden habe. So viel Schönheit und Vielfalt hat Gott sich für uns Menschen ausgedacht und wir dürfen sie genießen. Zum Sabbatschluss am Samstagabend beten mein Mann und ich für eine gute neue Woche. Als Zeichen dafür, dass wir die guten Geschenke, den »Wohlgeruch des Sabbats«, mit in die neue Woche nehmen, riechen wir an Gewürzen (ich für meinen Teil liebe Nelken). Auch mitten in der Woche erinnere ich mich mit dem Duft oftmals an den Sabbatsegen.

Warum ist der Sabbat für mich viel mehr als ein wöchentliches Ritual, Tradition oder göttliches Gebot? Eines meiner wertvollsten Bücher über den Sabbat, in dem ich oft am Freitagabend lese, schrieb Thomas Sjödin, ein schwedischer Pastor und Autor. Es heißt »Warum Ruhe unsere Rettung ist«. Darin beschreibt er, wie wir Menschen uns im Grunde unseres Herzens nach Ruhe und Ordnung sehnen, die in der Schöpfung angelegt ist. Wenn wir ruhig werden, lassen wir los – auch die Vorstellung, dass wir allezeit gebraucht würden. Der Ruhetag, der Sabbat, entschleunigt unser Leben. Tun wir es Gott gleich und gehen, so wie er es mit Adam und Eva tat, in seinem Garten Eden spazieren. Atmen wir auf am Ruhetag, der das Herzstück von Gottes Schöpfung ist! Diese Gedanken gefallen mir und entsprechen dem, was wir in unserer Familie seit vielen Jahren gelebt haben und noch zu leben versuchen.

Entdecke die Geschenke und den »Wohlgeruch« des Ruhetages – ein Tag Zeit für dich und Gott!

Persönliche Feste feiern, wie sie fallen

Vor einigen Jahren bin ich sechzig geworden. Was war das für ein schönes Fest! Jedes Jahr wird im Gästehaus der Diakonissen in meiner Nachbarschaft die Jahreslosung getanzt. Eine ältere, vor Lebenslust sprühende Frau führte durch die Veranstaltung, an der auch ich teilnahm. Nicht nur die Jahreslosung, sondern sogar mein 60. Geburtstag wurde getanzt und es gab wunderbares Essen. Ich wurde gesehen und gewürdigt, wir haben viel gelacht, uns erinnert und erzählt.

EDEN ARTS 2022

Wie die Zeit vergeht! Bald feiern wir unseren 40. Hochzeitstag. In Zeiten, wo Feiern verlegt oder verkleinert werden oder ganz ausfallen, werden wir für das Fest unseren Garten öffnen. Ich freue mich schon jetzt darauf. Ich lasse nach Möglichkeit keine Feste ausfallen!

Feiern, z. B. anlässlich eines Jahrestages oder Geburtstages, sind wichtige Dankesfeste und Freudenspender. Sie können auch mit wenig Aufwand gestaltet werden – Hauptsache, sie finden statt und wir können uns hinterher dankbar an sie erinnern. Sie sind ein Gewinn nicht nur für uns, sondern auch für andere. Anlässe zum Feiern und zum Erinnerungen schaffen gibt es viele: Das können auch Ereignisse sein, die nur für einen selbst und wenige andere eine wichtige Bedeutung haben. Was habe ich mich z. B. gefreut, nach 40 Jahren meine Kursschwestern aus meiner Krankenschwesterausbildung wiederzusehen! Das waren drei unvergessliche Tage. Zu zwei Freundinnen habe ich den Kontakt danach wieder so aufleben lassen, dass wir uns seither einmal im Jahr an der Ostsee treffen. Das ist ein Tag voll tiefer Gespräche, viel Lachen und wir gehen erfüllt mit freundschaftlicher Verbundenheit in unser jeweiliges Leben zurück.

Begehe deine Feste – schaff dir Erinnerungen!

Jahreszeiten und Feste im Jahreskreis sichtbar machen

Ich bin sehr einfach und schlicht in Mecklenburg aufgewachsen. Eines meiner ältesten Familienfotos zeigt meine Oma und meine Mutter als Erntehelferinnen auf dem Feld. Auch unser Zuhause war äußerst schlicht eingerichtet. Die heute sehr wertvollen alten Stilmöbel wurden damals als Staubfänger angesehen und durch pflegeleichtes DDR-Mobiliar ersetzt – es fehlte das Schöne. Meine Mutter hatte selbst kein schönes Zuhause erlebt und so war auch in meinem Elternhaus alles praktisch eingerichtet. Doch mir fehlte das Bunte, das Farbenfrohe und Verspielte. Als ich für die Ausbildung zur Krankenschwester von zu Hause wegging, wurde ich »bunt«. Die Farben meiner Kleidung waren bevorzugt weinrot, knallig und frisch. Ich genoss es, auch meine Umgebung schön und farbenfroh zu dekorieren. Als unsere jüngste Tochter viele Jahre später das Haus verließ, fragte sie mich: »Takelst du zu Advent und Weihnachten auch in Zukunft das Haus so auf?« »Aber natürlich!«, war meine Antwort. Ich bin eine Advents- und Weihnachtsfrau, sage ich immer. Im November wächst meine Vorfreude auf diese schöne Zeit. Und mit Beginn des Advents leuchtet und strahlt unser Haus und ich fühle mich mit Krippe, Schwippbogen aus dem Erzgebirge und Holzengel dem Weihnachtsgeschehen nahe.

Im Laufe des Januars und Februars bringe ich die ersten Knospen zum Blühen und freue mich auf das werdende Neue. In der vorösterlichen Fastenzeit schaffe ich Ordnung in Körper und Seele. Langsam breiten sich die Frühblüher um und im Haus aus. In der Vorfrühlingszeit plane ich ganz bewusst meine grünen »Kraftspender-Beete« und säe sie ein. Ich bevorzuge alte Salatsorten, die widerstandsfähig sind und häufig nachkommen, z. B. Portulak und Guter Heinrich. Die Natur erwacht wie jedes Jahr und ich feiere dieses Geschenk mutig mit Essen auf dem Balkon bei ersten Sonnenstrahlen oder auf der Schaukel in unserem Garten mit Blick auf den sprießenden Giersch. Dann hole ich mir eine kleine Handvoll zarter Gierschblätter und verzehre sie auf der Stelle – echt lecker!

Das Osterfest ist dann für mich vollends mit Aufbruchstimmung und Frühlingserwachen verbunden. Ich liebe die Osterzeit. Sie ist für mich eine Zeit der Hoffnung und großen Zuversicht, dass alles Wichtige im Leben schon geschafft ist. Ich feiere die Erlösung und Zukunftshoffnung, die Jesus Christus mir schenkt.

Auf dem Balkon gestalte ich mir einen Jahreszeitentisch, den ich so dekoriere, dass er auf die jeweilige Jahreszeit hinweist – so wechselt er im Jahreskreis immer wieder sein Gesicht und erfreut mich jeden Tag. Auch meinen Hauseingang habe jahreszeitlich dekoriert, sodass er immer ein liebevolles Willkommen für mich und andere bereithält. Ich liebe und zelebriere den Wechsel der Jahreszeiten. Sie erinnern mich auch an die unterschiedlichen »Jahreszeiten« meines Lebens. Ich lebe jetzt im Herbst meines Lebens, in dem ich so viel Gutes ernten kann, was ich viele Jahre zuvor ausgesät habe. Diese »Lebenserntezeiten« in verschiedenen Bereichen machen mich dankbar und zufrieden.

In unserer Wohnküche habe ich meinen gemütlichen Omasessel als Ruhepunkt gefunden. Von dort aus habe ich einen Weitblick in das Umfeld, zum Beispiel auf eine Fensterbank mit Blumen der jeweiligen Jahreszeit, Ermutigungssprüchen und einem Holzkreuz. Wann immer ich darauf schaue, freue ich mich: Gott hat unsere Welt schön gemacht, mit großer Fülle und Farbe ausgestattet. Ich hole sie mir in mein Leben.

*Zelebriere den Wechsel der Jahreszeiten –
umgib dich mit der Schönheit von Gottes Schöpfung.*

Auftankzeiten und Miniurlaube

Unsere Urlaube mit den Kindern waren für mich oft anstrengend. Zu Hause warteten zum Ende der Ferien dann Wäscheberge, Gartenurwald, Schulanfang und vieles mehr. Als wir innerhalb von drei Jahren fünf Kinder im Alter von 3, 4, 5, 7 und 8 Jahren bei uns aufnahmen, war uns bewusst, dass das mehr als ein Vollzeitjob war. Von Anfang an holten wir uns ein- bis zweimal im Jahr Studenten ins Haus, die uns mit den Kindern halfen, oder »verteilten« die Kinder auch mal an gute Freunde, um unsere Zweisamkeit zu pflegen. Das war zwar eine enorme Logistikleistung und ich bin heute noch unseren Freunden von Herzen dankbar, aber es tat uns unglaublich gut – unseren Kindern übrigens auch. Manchmal bin ich mit meiner besten Freundin Christiane, die auch viele Kinder hatte, auf ein »Erzähl-Sauna-Kaffee-Kuchen-Spaziergang-Wochenende« gefahren. Kleine Auszeiten von der Familie waren nicht immer einfach zu realisieren, aber immer erfrischend und fühlten sich an wie Miniurlaube. Danach konnte ich gestärkt in den Familienalltag zurückkehren. Gerade während der langen Familienzeiten haben wir unsere regelmäßigen Auszeiten als dringend notwendig empfunden.

Auch jetzt noch, ohne Kinder, pflegen wir unsere »Auftankzeiten«. Wir nehmen uns einen längeren Sommerurlaub – es ist schon seit Jahren immer der gleiche: Wir fahren an die Ostseeküste zum Nationalpark »Vorpommersche Boddenlandschaft« auf den Darß. Der Weststrand dort zählt zu den schönsten Stränden Europas und wurde auch schon einer der zehn schönsten Strände der Welt genannt. Außerdem planen wir jährlich noch zwei kurze »Entdeckerurlaube« in für uns noch unbekannte Gegenden Deutschlands ein. Anfang Januar fährt mein Mann alleine Ski, da freut er sich das ganze Jahr drauf. Und ich reise im Oktober alleine an die Ostsee und winke Tausenden Kranichen zu ihrem Abflug in die Wintergebiete hinterher.

Gönne dir Auszeiten!

EDENARTS 2020

Regelmäßige Fastenzeiten und Teekuren – für Körper und Seele

Ich arbeite seit vielen Jahren in der ganzheitlichen Gesundheitsvorsorge als Ernährungs- und Gesundheitsberaterin sowie als Fastenleiterin in Kursen und Seminaren. Als Kräuterfrau bin ich immer wieder begeistert über die erstaunlichen Heilwirkungen unsere heimischen Wildkräuter. Ich achte regelmäßig auf Kuren für meinen Körper und meine Seele.

Das Fasten ist dabei eine meiner wichtigsten Kuren und »Gesundheitsrituale«. Seit über zwanzig Jahren faste ich regelmäßig im Jahr. Das fällt mir nicht immer leicht, denn der Weg der Mäßigkeit ist ein langer Übungsweg. Aber zweimal im Jahreskreis habe ich mir eine Woche Buchinger-Heilfasten mit Tee, Wasser und Brühe »verordnet«. Auch das Basenfasten und Intervallfasten integriere ich in meinen Alltag. Das sind feste Zeiten, im Kalender eingeplant, meist im November und Januar oder März. Ich möchte meinen Körper entgiften, reinigen und ihm Gutes tun.

Das Fasten hilft mir aber nicht nur körperlich, sondern auch seelisch und geistlich. Es bewirkt, dass in verschiedene Bereiche meines Lebens wieder Ordnung und Klarheit hineinkommt (in meinem Buch »Einfach fasten – gesünder leben. Ein ganzheitlicher Wegweiser für Körper, Geist und Seele« stelle ich Ihnen die verschiedenen Formen des Fastens ganz praktisch vor).

Im Anschluss an diese Fastenzeiten räume ich zweimal im Jahr unser Haus durch. Das hat sich sehr bewährt. Ich schaffe Ordnung im Keller, auf dem Dachboden und in den Schränken und trenne mich von Überflüssigem. So entsteht in meinem Leben wieder mehr Freiraum.

Außerdem verteile ich über das Jahr verschiedene **Teekuren** für meine wichtigen Organe. Für die Nieren z. B., wichtige Entgiftungsorgane, trinke ich **Goldruten-**

EDEN-ARTS 2020

tee, der entwässernd und entzündungshemmend wirkt. Meine Leber schütze ich mit **Tee aus Mariendistelsamen**, der leberregenerierend und zellschützend wirkt, oder mit Löwenzahntee, der die Produktion von Gallenflüssigkeit anregt. Meinem Herzen gönne ich **Weißdorntee** zur Blutdruckregulierung.

Im Frühling und Herbst entgifte und entschlacke ich mit **Brennnesseltee**. Für meine über das Jahr verteilten Teekuren trinke ich vom jeweiligen Tee 3 Wochen lang täglich eine große Tasse.

Außerdem habe ich noch meine jahreszeitlich unterschiedlichen **Lieblingstees und -getränke**, die ich gerne bewusst und genüsslich in meinem bequemen Ruhesessel zu mir nehme: **Lindenblütentee** mit Zitrone und Honig oder **heißer Holundersaft** mit Apfelsaft, Zitrone und Honig sind in der kühlen Winterzeit sehr wohltuend und außerdem lecker. Auch **Lupinenkaffee** mit einem Schuss Sahne oder ein heißer Kakao in Bioqualität helfen immer. Im Sommer bereite ich mir gerne eine Karaffe mit **Blütenwasser** zu – z. B. Wasser mit Melissenblättern, Zitronensaft und vielleicht etwas Apfelsaft dazu. Oder ich lege eine Holunderblüte in die Wasserkaraffe, dazu ein paar Scheiben Zitrone. Auch Blütenblätter von (naturbelassenen) Rosen, Veilchen und Gänseblümchen im Wasser schmecken herrlich und sehen dazu noch sehr ansprechend aus – das Auge trinkt mit!

Regelmäßig statte ich im Vorfrühling und Frühling meinen »Grünen Freunden« Besuche ab, die dabei helfen, den Mineralhaushalt meines Körpers nach dem Winter wieder aufzufüllen: Schon ab Mitte Februar breiten sich kleine **Gierschblätter** vorwitzig und tapfer unter den Hecken im Garten aus. Gefolgt von **Scharbockskraut, Brennnesselspitzen, Löwenzahn und Vogelmiere** gehören sie zu meiner **»grüne Wiesenmedizin«**, auch wenn die Gartensaison noch gar nicht begonnen hat. Ich pflücke eine kleine Handvoll und genieße sie gut kauend in Vorfreude auf üppige Bereicherungen für Salate, Suppen und Aufstriche das ganze Jahr über. Dies ist ein wichtiges, tägliches Gesundheitsritual für mich.

Ich gehe ja sowieso durch den Garten, da kann ich mir gesunde Grünkraft gleich ganz unkompliziert in den Mund stecken. Die 12 wichtigsten »Unkräuter«, die wir um uns herum finden, habe ich in meinem Heftchen »Vom Unkraut zum Heilkraut – 12 heimische Wildkräuter zum Entdecken« vorgestellt (zu beziehen über das Ganzheitliche Gesundheitshaus in Marburg, https://www.gehaus.de/).

Fasten und kuren tut gut – nur Mut!

Beziehungsrituale

Die schönsten Worte der Welt – Gefühle sagen und zeigen

Durchstartritual am Beginn des Tages: Zeige deine Gefühle und deine Liebe!

Ich liebe meinen Mann und er liebt mich. Ich weiß es. Und er weiß es auch. Er hat es mir zu unserer Hochzeit vor mehr als 40 Jahren gesagt. Sollte das nicht reichen? Nein!! Wir sagen es uns täglich, bevor einer von uns das Haus verlässt. Wir drücken uns innig und herzlich, küssen uns und versichern uns unsere Liebe. Immer. Manchmal kommt mein Mann noch mal zurück, wenn wir es vergessen haben, oder ich rufe ihm aufgeregt hinterher: »Drücken vergessen!« Das machen wir, weil uns sehr bewusst ist, wie zerbrechlich Beziehungen ohne Pflege werden können. Mein Mann arbeitet in der Beratung oft mit Paaren in schwierigen Beziehungen, die mitunter kurz vor dem Scheitern stehen. Das erinnert uns daran: Liebe will gepflegt werden wie eine zarte Pflanze, auch wenn sie schon lange verwurzelt ist. Ich sage meinem Mann öfter, wie sehr ich mich über seine Hilfe freue, wie ich ihn wertschätze, mich bei ihm geborgen fühle und ihn liebe. Er weiß es eigentlich. Aber ich sage es ihm immer wieder. Und das macht etwas mit uns. So steigen schon am Beginn des Tages die Glückshormone in unserem Körper an, was durchaus gesundheitsfördernd ist. Wir vergewissern uns gegenseitig und sagen es uns immer wieder trotz und gerade wegen unserer Schwächen, Missverständnisse und Niederlagen im täglichen Miteinander: »Du bist mein wertvoller Schatz!« Vor über vier Jahrzehnten sind wir den Ehebund eingegangen und erinnern uns täglich durch zarte kleine Gesten und Worte daran. Auch Händchenhalten wie früher als verliebte Teenager gehört dazu, ist tröstlich und beziehungsstärkend.

Wer kein Gegenüber hat, dem er ein »Ich liebe dich« zuflüstern könnte, kann diese Worte auch an Gott richten. Mein Mann spricht diese Liebeserklärung immer zu Beginn des Tages seinem Schöpfer gegenüber aus, nachdem er auch mir diese Worte gesagt hat. Sie können diesen schönsten Satzbeginn des Universums – »Ich liebe ...« – auch mit anderem verbinden: »Ich liebe ... das Leben ... *mein* Leben ... Gottes Schöpfung mit all ihren wundervollen Schauspielen« oder: »Ich liebe es ... (etwas Bestimmtes zu tun, zu erleben)«. Es gibt viel Liebenswürdiges und Liebenswertes, das völlig zu Recht unsere Aufmerksamkeit in Anspruch nehmen kann.

Morgen- und Reisesegen für die Kinder

Zwischen halb 7 und 8 Uhr befindet sich jede Familie in einer turbulenten Phase, bis alle auf dem Weg sind. Bei uns musste es mit 5 Kindern gut und effizient ablaufen. Aber für eins blieb fast immer Zeit: für den Morgensegen! Mit einem kurzen Gebet, während dessen wir unseren Kindern segnend die Hände über den Kopf hielten, entließen wir sie in den herausfordernden Schulalltag. Wie viel Bewahrung haben wir erlebt, wie viel gute Erfahrungen gemacht! Wir hatten sehr lebendige Kinder, also waren ihre Schutzengel immer gefordert. Vier unserer Kinder sind geritten, alle waren bei den Pfadfindern – wir waren eben eine aktive, unternehmungslustige Familie. Ein Sommerurlaub an der Ostsee mit unseren Kindern, nach dem wir eines mit Armbruch und das andere mit Beinbruch wieder mit nach Hause nahmen, ist mir bis heute in lebendiger Erinnerung geblieben. Längst ist alles wieder gut verheilt und es ist nichts Schlimmeres geschehen. Der tägliche Morgensegen fühlte sich für uns so an, als ob wir direkt an der »himmlischen Tankstelle« zapften. Wir gaben an Liebe, Hingabe und Fürsorge, was wir vermochten. Und Gott öffnete seine Himmelsfenster und schüttete reichlich seine guten Gaben dazu.

Nicht nur den rituellen Morgensegen, auch die Segensbitte vor jeder größeren Reise nahmen wir sehr ernst. Manchmal drohte der Reisesegen jedoch im Stress und Chaos der Urlaubsvorbereitungen für eine siebenköpfige Familie unterzuge-

EDEN-ARTS 2022

hen: Wenn wir dann schließlich unser Auto maximal vollgepackt hatten, war ich schon maximal urlaubsreif und konnte nur noch daran denken, endlich loszufahren. Aber zum Glück erinnerte uns immer eines unserer Kinder daran: »Erst für eine gute Reise beten!« Und am Ende der Reise, mit vielen Zwischenstopps und vielen Fragen (»Wann sind wir endlich da?«), nach unzähligen **Hörspielkassetten mit den Abenteuern von »**Freddy, dem Esel«, nach Ratespielen und verstopften Autobahnen war der Dank für die Bewahrung auf der Fahrt mehr als angebracht.

Als Reisesegen verwendeten wir gerne Worte aus dem Lied »Bewahre uns, Gott«, das im evangelischen Gesangbuch unter der Nummer 171 zu finden ist:

Bewahre uns, Gott, behüte uns, Gott,
sei mit uns auf unsern Wegen.
Sei Quelle und Brot in Wüstennot,
sei um uns mit deinem Segen,
sei Quelle und Brot in Wüstennot,
sei um uns mit deinem Segen.
(TEXT: EUGEN ECKERT, 1987. MELODIE: ANDERS RUUTH, UM 1968)

Oder wir sprachen uns Segensworte wie dieses aus der Bibel zu:

»Der Herr wird uns seinen Engel mitschicken und unsere Reise gelingen lassen.«
(NACH 1. MOSE 24,40)

Auch dieser Segen eignet sich als Weg- und Reisesegen für Kleine und Große:

Der Herr sei vor dir und führe dich.
Der Herr sei hinter dir und schütze dich.
Der Herr sei unter dir und trage dich.
Der Herr sei über dir und segne dich.
(NACH EINEM ALTEN IRISCHEN SEGENSWUNSCH)

Es ist wichtig, unsere Liebsten **täglich** bewusst zu segnen und auch uns selbst unter den Segen Gottes zu stellen. Unsere Kinder zu segnen, das ist für mich wie das stetige Begießen von kleinen »Menschenpflänzchen«, damit sie nicht nur wachsen und gedeihen, sondern Menschen nach dem Herzen Gottes werden und den rechten Weg finden **können**.

Austausch in Freundschaften

Es gehört zu meinen wichtigen und guten Ritualen, Freundschaften zu pflegen. Dabei lerne ich unheimlich viel. Mit meinen Freundinnen tausche ich mich zum Beispiel darüber aus, welche Rituale wir in unseren Leben verankert haben, die wir als bedeutsam und hilfreich erleben. An einigen möchte ich Sie Anteil haben lassen. Vielleicht können sie auch Ihnen zur Inspiration dienen:

Svenja geht jeden Morgen noch im Nachthemd hinaus auf ihren Rasen zum **Tautreten**, eine wundervolle Morgenerfrischung.
Tanja nimmt sich zwischen den Jahren **zwei Wochen** »**Work-out«**, was für sie bedeutet: Sie schaltet alle Medien ab und tankt ihre Seele auf.
Melissa verbringt **jeden Sonntag ohne Handy und Computer.**
Christina, eine Gärtnerin, **lebt intensiv mit den Jahreszeiten.**
Anne macht in den Wintermonaten jedes Jahr **eine Weiterbildung** für sich.
Gerhild holt sich beim **Mittagsschlaf** Kraft bis zum Abend.
Sabine trinkt jeden Tag **in der Frühe ein großes Glas Zitronenwasser**.

Ich höre immer sehr aufmerksam zu, wenn meine Freundinnen von solchen Ritualen berichten, die in ihren Leben viel Gutes bewirken.

Auch Männer haben natürlich bestimmte Rituale kultiviert. Mein Mann z. B. liebt seine monatlichen Skatrunden. Das hat er sich bei seinem Großvater abgeschaut, der bis ins hohe Alter ein leidenschaftlicher Skatspieler gewesen ist. Auch sein Vater hat diese Leidenschaft gepflegt und ging noch mit über 80 Jahren

EDEN ARTS 2022

regelmäßig zum fünfstündigen Preisskat-Turnier, das er fast immer gewann. Das war dann ein guter »Booster« für seine Gesundheit. Auch wenn mein Mann das Skatspielen nicht so intensiv betreibt, hat er es doch in guter Weise ritualisiert, denn es verbindet ihn mit seinen »Skatbrüdern« und seinen Vorfahren.

Pflege den inspirierenden Austausch in deinen Freundschaften.

Aus Freundschaft zu uns und unserem Körper

Warum achte ich auf meine Gesundheit? Warum sind mir kleine und große Gesundheitsrituale so wichtig?

Der Gesundheitspfarrer Sebastian Kneipp sagte einmal:

> *»Wer nicht jeden Tag etwas Zeit für seine Gesundheit aufbringt,*
> *wird eines Tages sehr viel Zeit für seine Krankheit opfern müssen.«*

Wenn ich bedenke, dass ich wundervoll von Gott geschaffen bin, dass sein Sohn Jesus für mich gestorben ist, um mir ein erlöstes, heilvolles Leben zu ermöglichen, dass Gott möchte, dass es mir gut geht … dann bemühe ich mich umso mehr, das Geschenk der Gesundheit zu achten und zu erhalten. Ich bin wertvoll und kostbar! Lebe ich auch so?

Situationsbezogene Rituale

Eine meiner Freundinnen beschäftigt sich an der Universität mit dem »Zürcher Ressourcen Modell«, einem Selbstmanagement-Training, das auch in Stresssituationen helfen kann. Von ihr lernte ich, dass situationsbezogene Rituale ganz wichtig seien. Wann immer ich z. B. erlebe, das mein Arbeitgeber mich ungerecht behandelt oder sauer ist, reagiert mein Körper mit Angst oder Ärger. Da hilft es, in diesen Situationen kleine Rituale zur Anwendung zu bringen. Ich kann z. B. tief durchatmen und eine Hand auf den Bauch legen, eine Weile aus dem Fenster schauen, Krönchen malen o. Ä., um mich wieder zu beruhigen und meine Gedanken auf Positives auszurichten.

Mein fröhliches Beckenbodentraining

Wir Frauen haben oft eine gesundheitliche Schwachstelle, über die man nicht so gerne redet, den Beckenboden. Durch Geburten, reiferes Alter und anderes mehr ist er im Laufe der Jahre nicht mehr so haltend und tragend. Die Folgen spürt Frau beim Lachen, Husten, Laufen ... Bei einer Physiotherapeutin lernte ich das *Tanzberger Konzept* kennen, das bei Funktionsstörungen des Beckenbodens und des Kontinenzsystems hilft. Das Beckenbodentraining lässt sich gut in den Alltag integrieren, z. B. bei unseren Waldrunden oder bei der Hausarbeit. Ich bin kein Typ für die 20-minütige Morgengymnastik, aber beim Laufen oder zwischendurch während der Arbeit in der Küche kann ich die Übungen zur Stärkung meines Beckenbodens gut integrieren. Einfache Tipps und Videos für das Beckenbodentraining finden Sie ganz leicht im Internet. Ich liebe solche kleine Übungen, die fröhlich machen, den Tag unterbrechen und gleichzeitig meiner Gesundheit guttun.

Gute Ratschläge aus dem großen Gesundheitsbuch

In meinen Augen ist die Bibel ein großes Gesundheitsbuch mit vielen guten Weisungen für die Gesundheit unserer Seele, aber auch unseres Körpers. Hier habe ich Ihnen einige meiner Lieblings-Gesundheitsworte aus dem Buch der Bücher zusammengestellt:

Gott schenkt meiner Seele und meinem Körper Heil und Wohlsein:

»Ich bin der Herr, dein Arzt.«
(2. MOSE 15,26)

In seine gute Schöpfung hat er alles hineingelegt, was wir an gesunder Nahrung benötigen:

»Und Gott sprach: Sehet da, ich habe euch gegeben alle Pflanzen, die Samen bringen, auf der ganzen Erde, und alle Bäume mit Früchten, die Samen bringen, zu eurer Speise.«
(1. MOSE 1,29)

»Ihre Früchte werden zur Speise dienen und ihre Blätter zur Arznei.«
(HESEKIEL 4,12)

Es tut gut, sich mit hochwertigen, vollwertigen Lebensmitteln zu ernähren:

»Ich will euch das Beste vom Land Ägypten geben; von den besten Erzeugnissen des Landes dürft ihr essen.«
(1. MOSE 45,18)

Gott hat natürliche Arzneimittel in seine Schöpfung – Bäume, Kräuter, Pflanzen vielerlei Arten – hineingelegt:

»Der Herr hat die Arznei aus der Erde geschaffen, und ein Vernünftiger verachtet sie nicht.«
(JESUS SIRACH 38,4)

Maßvoll zu leben und zu essen, das schaffe ich besser mit Gottes Hilfe:

»Ich kann beides, satt sein und hungern, beides, Überfluss haben und Mangel leiden; ich vermag alles durch den, der mich mächtig macht.«
(PHILIPPER 4,13)

»Wer Maß hält beim Essen, schläft gut; am Morgen steht er auf und fühlt sich wohl. Aber wer zu viel isst, schläft unruhig und krümmt sich vor Schmerzen.«
(JESUS SIRACH 31,20)

Im Buch Daniel finde ich Hinweise auf uralte Gesundheitsfürsorge, die an »basisches Essen« erinnert:

»Ernähre uns versuchsweise zehn Tage lang mit Gemüse und Wasser. [...] Am Ende dieser zehn Tage wirkten Daniel und seine drei Freunde gesünder und sahen besser genährt aus als die anderen jungen Männer, die von den Speisen des Königs gegessen hatten.«
(DANIEL 1,12.15)

Unser Körper verdient unsere Wertschätzung und unseren respektvollen Umgang mit ihm. Er ist keine bloße Hülle. Gott will in ihm wohnen:

»Wisst ihr nicht, dass euer Leib ein Tempel des Heiligen Geistes ist, der in euch ist und den ihr von Gott habt, und dass ihr nicht euch selbst gehört? Denn ihr seid teuer erkauft; darum preist Gott mit eurem Leibe.«
(1. KORINTHER 6,19F.)

Wenn ich eng mit Gott und seiner Schöpfung verbunden lebe, wird mir das ein »Jungbrunnen« werden bis ins Alter hinein:

»Der Gerechte wird grünen wie ein Palmbaum, er wird wachsen wie eine Zeder auf dem Libanon. Die gepflanzt sind im Hause des Herrn, werden in den Vorhöfen unsres Gottes grünen. Und wenn sie auch alt werden, werden sie dennoch blühen, fruchtbar und frisch sein.«
(PSALM 92,13-15)

Freude und Dankbarkeit kultivieren

Sprüche, Weisheiten und Gebete, die guttun

Ich möchte mich im Alltag mit Positivem und Gutem umgeben, will mir immer wieder zwischendurch Grund zum Schmunzeln schaffen. Dazu helfen mir ermutigende Worte, Aussprüche, Gedichte, Lieder und Gebete. Ich trage sie in meiner Erinnerung, habe sie mir aufgeschrieben oder mir gut sichtbar aufgehängt. Sie begleiten mich und lassen mich fröhlicher durch den Tag gehen. Sie gehören zu meinen stärkenden Ritualen mitten im Alltag.

»Tante Schneider«, eine alte Frau aus der Gemeinde meiner Kindheit, wohnte in einem winzigen Dorf unweit meines Heimatortes. Zu meinen frühen Kindheitserinnerungen gehörte die Zugfahrt nach Hohen Mistorf und der Gang durch sommerliche Getreidefelder mit viel Klatschmohn und Kornblumen zu ihrem Häuschen. Während die Erwachsenen oft noch von Krieg und Flucht redeten, ging ich auf Erkundungstour und entdeckte einen wunderbaren Ort: Tante Schneiders »Karten-Plumpsklo«, wie ich ihr kleines hölzernes Toilettenhäuschen draußen genannt hatte. Es war einmalig und spannend, denn das gesamte Plumpsklo war von oben bis unten mit Postkarten aus aller Welt dekoriert. Während ich dort war, ging ich auf Weltreise. Was es da alles zu sehen gab, ließ mich die Zeit vergessen. In meiner Kindheit, inspiriert von Tante Schneider, bin ich als Erwachsene selbst zur Karten- und Sprüche-Sammlerin geworden. Heute lädt unser »stilles Örtchen« zu Entdeckungsreisen ein. Von unseren Gästen höre ich oft Gelächter oder den Ruf: »Hast du mal Stift und Zettel?«, denn es gibt viel Ermutigendes, Originelles und Lustiges an der Tür zu sehen, z. B. originelle Spruch- und Bildkarten, Fotos von Familie, Freunden oder Sehnsuchtsorten an der Ostsee. Am

Holzregal kleben kleine Liedstrophen, auf der Ablage liegen Gedichte von Rilke, Eichendorff, Goethe ...

Und am Spiegel hängen Sprüche, die mich das Älterwerden mit Humor und mehr Leichtigkeit nehmen lassen, z. B.:

Wenn ich alt bin, will ich nicht jung aussehen, sondern glücklich.

Wie wohltuend meine Arbeit unter freiem Himmel in meinem Kräutergarten, bei Kräuterführungen oder bei Fastenwanderungen ist, bringt dieser Spruch für mich treffend zum Ausdruck:

Am Ende eines Tages sollten deine Füße dreckig,
dein Haar zerzaust und deine Augen leuchtend sein.

Die folgenden Zeilen eines Kindergebetes ermuntern mich, dankbar durch meinen Tag zu gehen und das Staunen über Gottes kleine und große Wunder nicht zu verlernen:

Was ich habe, kommt von dir. Was ich brauche, gibst du mir. Was ich sehe, ruft mir zu:
Gott, wie groß, wie gut bist du!
(Volksgut)

Wann immer ich während des Tages dieses Gebet aus Afrika lese, erinnert es mich daran, mein Tempo zu überprüfen und gegebenenfalls zu verlangsamen:

Lass mich langsamer gehen, Herr.
Entlaste das eilige Schlagen meines Herzens
durch das Stillewerden meiner Seele.
Lass meine hastigen Schritte stetiger werden
mit dem Blick auf den weiten Horizont der Ewigkeit.
Lehre mich die Kunst des freien Augenblicks.
(Gebet aus Südafrika)

Sehr gut gefällt mir auch die folgende kurze Meditation, mit der man den »Trubel des Tages« immer wieder kurz unterbrechen und sich die Gegenwart des Schöpfers bewusst machen kann.

Manchmal
für einen Augenblick
halte ich ein,
mitten im Trubel des Tages,
schließe meine Augen
und meine Ohren
und bin einen Augenblick
glücklich:
Ich bin nicht allein,
du bist da, mein Gott!
Mittendrin.
(Christa Weiss)

Am Morgen inspirieren mich die Zeilen aus Luthers Morgensegen, den Tag bewusst in Gottes Hände zu legen:

Ich danke dir, mein himmlischer Vater, durch Jesus Christus, deinen lieben Sohn, dass du mich diese Nacht vor allem Schaden und Gefahr behütet hast, und bitte dich, du wollest mich diesen Tag auch behüten vor Sünden und allem Übel, dass dir all mein Tun und Leben gefalle. Denn ich befehle mich, meinen Leib und Seele und alles in deine Hände. Dein heiliger Engel sei mit mir, dass der böse Feind keine Macht an mir finde.
(Martin Luther, 1483–1546)

Gerne bete ich auch einige Verse aus dem »Ambrosianischen Morgengesang«:

Schon bricht des Tages Glanz hervor.
Voll Demut fleht zu Gott empor,
dass, was auch diesen Tag geschieht,
vor allem Unheil er behüt'.
(Ambrosius, 333–397)

Diese Zeilen aus einem alten Kirchenlied erinnern mich daran, um einen guten Verlauf des Tages zu bitten:

Führe mich, o Herr, und leite
meinen Gang nach deinem Wort;
sei und bleibe du auch heute
mein Beschützer und mein Hort.
Nirgends, als bei dir allein,
kann ich recht bewahret sein.
(HEINRICH ALBERT, 1642)

Und wenn mein Blick gegen Abend auf diese Worte fällt, spreche ich sie als entlastendes und hoffnungsvolles Gebet am Abschluss des Tages:

Wir legen in deine Hände unsere Aufgaben, die wir noch nicht vollendet haben,
unsere ungelösten Probleme und unsere unerfüllten Hoffnungen. Denn wir wissen,
dass nur das gelingen wird, was du segnest.
(GEBET AUS INDIEN)

Lebe – lese – lache!

Ich trete vor dich, HERR,
voller Dankbarkeit ...
EDEN ARTS 09

Dankbarkeit leben

Ich habe die Erfahrung gemacht: Es lebt sich leichter und schöner mit einer dankbaren Grundhaltung. Dabei versuche ich darauf zu achten, dass dankbare Worte nicht zu bloßen Floskeln verkümmern. Die Rituale der Dankbarkeit, die mein Mann und ich uns angewöhnt haben, fördern die dankbare Lebenshaltung, wenn sie authentisch und lebendig bleiben. Ich lerne immer noch, bewusst »Danke« zu sagen, auch für die scheinbar selbstverständlichsten Dinge: das zubereitete Essen, die Hilfeleistung, die gemeinsam verbrachte Zeit – und was der Anlässe mehr sein kann. In einem für meinen Mann und mich noch relativ neuen Ritual zum Abschluss des Tages nennt jeder von uns drei Dinge, die uns an diesem Tag gutgetan und über die wir uns gefreut haben. Gerne dürfen es auch mal mehr sein. So ist das Letzte vor dem Schlafengehen, das uns begleitet, etwas Gutes – Gedanken an Gott und seine Hilfe, an schöne Begegnungen mit anderen Menschen oder miteinander, an Gelungenes. Das lässt uns zufrieden, ruhig und dankbar in die Nacht gehen.

Schlafe mit guten Gedanken ein.

Nun wünsche ich Ihnen,
dass Ihre persönlichen Rituale lebendig werden
und Sie in einem erfüllten Leben begleiten.

Seien Sie gesegnet und bleiben Sie behütet!

Ihre Ruth Pfennighaus

Das Gesundheitshaus in Marburg versteht sich als Wegweiser für Ganzheitliche Gesundheit. Wir gehen der Frage nach, welche Bereiche und Ressourcen unserer Persönlichkeit für die Überwindung eines Problems oder Symptoms noch nicht ausgeschöpft sind. Dabei ist uns besonders die Prävention und die Stärkung der Selbstheilungskräfte des Immunsystems wichtig. Vielfältige Anregungen für einen gesunden Lebensstil werden Ihnen helfen, das Leben noch mehr zu genießen.

Kontakt:
Ganzheitliches Gesundheitshaus
Oberweg 55, D-35041 Marburg
Internet: www.ge-haus.de
E-Mail: info@ge-haus.de

Buchempfehlungen der Autorin:
»Wir sind für den Garten geboren«
»Einfach fasten - gesünder leben“
»Kleine Frauenkräuterkunde«

Schauen Sie auch in unsere Kräutervideos auf YouTube oder Hope Channel unter »Kleine Kräuterkunde Ruth Pfennighaus«.

Buchempfehlungen der Autorin

Wir sind für den Garten geboren

Naturheilmittel für Körper, Seele und Geist neu entdecken. Ein ganzheitliches Praxisbuch

ISBN 978-3-86827-721-0

176 Seiten, Paperback

Die Phytotherapeutin Ruth Pfennighaus geht mit dem Leser auf eine Entdeckungsreise in die Welt der Naturheilschätze und Geschenke, die uns der Schöpfer direkt vor die Haustür gelegt hat. Mit ganzheitlichen, einfach umzusetzenden Alltagstipps und Rezepten mit Heilpflanzen und Kräutern.

Einfach fasten - gesünder leben

Ein ganzheitlicher Wegweiser für Körper, Geist und Seele

ISBN 978-3-96362-144-4

219 Seiten, Paperback

Ein wertvoller Begleiter für Ihre Fastenreise mit Anregungen für Fasten-Varianten, Entlastungstage, Fastenbrechen und Aufbautage. Spirituelle Impulse und Übungen zur Stärkung der Achtsamkeit helfen, Verzicht zu akzeptieren und das Leben in seiner Fülle zu genießen.

Kleine Frauenkräuterkunde

Heilsames aus meinem Himmelsgärtchen

ISBN 978-3-96362-136-9
93 Seiten, gebunden, farbig illustriert

Gärten sind nicht nur ein wahres Wunderwerk, um zu entschleunigen, sondern halten auch einen unglaublichen Reichtum für uns bereit. In vielen Pflanzen schlummern verborgene Schätze – gerade für uns Frauen! Entdecken Sie die geheime Wirkkraft unserer heimischen Kräuter und Wiesenpflanzen und machen Sie sie für sich nutzbar. Ihre Gesundheit wird es Ihnen danken. Und Ihre Seele ebenso ...

Berührende Bilder der Künstlerin Katja Hogh gepaart mit Gedichten, Sinnsprüchen, Segensversen und persönlichen Einsichten der bekannten Phytotherapeutin Ruth Pfennighaus sowie handfestem Kräuterwissen, Gesundheitstipps und Naturkosmetikrezepten.